LES ASSOCIATIONS D'HOMMES

FONDATION ET FONCTIONNEMENT

LETTRE

A UN CURÉ DE MARSEILLE

MARSEILLE
IMPRIMERIE MARSEILLAISE
Rue Sainte, 39

1903

LETTRE
DE Mgr L'ÉVÊQUE DE MARSEILLE
A L'AUTEUR

Marseille, le 15 mai 1903.

En la fête de saint Jean-Baptiste de la Salle

MONSIEUR LE DIRECTEUR DIOCÉSAIN,

L'évangélisation des hommes est une des œuvres qui se recommandent le plus au zèle du clergé. Tant d'influences néfastes se réunissent pour les détourner de Dieu, que ce n'est pas trop de tous nos efforts pour les maintenir dans la pratique de la religion ou les y ramener.

L'Œuvre des Cercles catholiques nous aide puissamment à atteindre ce but. Je ne m'arrêterai pas à en faire l'éloge, les encouragements dont le Saint-Siège l'a honorée à plusieurs reprises rendent toute autre recommandation superflue.

Je ne puis donc que souhaiter que cette institution reçoive, dans mon diocèse, tous les développements dont elle est susceptible, et j'encourage de grand cœur ceux qui, comme vous, Monsieur le Directeur diocésain, et comme la plupart de Messieurs les Curés, s'appliquent à doter les paroisses d'associations catholiques d'hommes. La foi et le patriotisme du Clergé marseillais ne pourraient rien entreprendre qui fût plus agréable à Notre-Seigneur et plus utile à l'Église et à la France.

Je vous prie, cher Monsieur le Directeur, d'agréer et de transmettre aux membres dirigeants et dirigés de l'Œuvre l'assurance de mes plus dévoués sentiments et de mes plus paternelles bénédictions en Notre-Seigneur.

† PAULIN, *Évêque de Marseille.*

LES ASSOCIATIONS D'HOMMES

FONDATION ET FONCTIONNEMENT

———•⚬•———

Beaucoup de curés s'attristent de voir les hommes s'éloigner de l'église. Ils se demandent s'il n'y aurait pas quelque moyen de les y ramener.

Certaines Revues ont publié sur ce sujet, si intéressant pour le zèle, quelques études aussi utiles qu'édifiantes.

Je demande la permission d'y ajouter quelques avis pratiques, on pourrait dire techniques, sur la fondation et le fonctionnement des associations d'hommes, avis qui sont le fruit d'une expérience déjà longue.

Les hommes du XX° siècle ne sont pas foncièrement différents de ceux des siècles précèdents. Ils ont reçu une autre éducation, ils vivent dans un autre milieu, mais ils ont les mêmes défauts et les mêmes besoins. *(Principes généraux. Le caractère des hommes n'a pas changé.)*

Déjà, au temps jadis, les hommes n'aimaient pas beaucoup à s'agenouiller au milieu des femmes, ils n'avaient qu'un goût très modéré pour les offices communs et publics, ils avaient peu d'attrait pour demander des conseils, pour recevoir une direction. En un mot, ils ont toujours eu un penchant décidé à faire bande à part, à vivre d'une vie indépendante, et, comme on dit actuellement, autonome.

Jusqu'à la Révolution, ce besoin d'une vie religieuse un peu indépendante et un peu séparée était satisfait par les *Confréries*. On peut dire que les confréries ont été les gardiennes de la foi du peuple. Elles ont pris toutes les formes et tous les costumes. En général on y récitait de longs offices, souvent on s'y *(Les Confréries.)*

livrait à des pratiques de piété ou de pénitence dignes des religieux les plus austères. On s'y proposait divers objets de religion et de charité : la visite des malades, la consolation des prisonniers ou des condamnés, l'instruction des enfants, la propagation de telle ou telle dévotion, par exemple la dévotion au Saint-Esprit, à l'Immaculée-Conception, au Saint Sacrement... Très souvent il n'y avait pas d'autre but que le bien spirituel et temporel des confrères.

Mais toujours et partout ils s'administraient eux-mêmes, avaient une chapelle à eux, étaient entièrement les maîtres de leurs élections, de la gestion de leurs biens. C'étaient de bons amis, souvent du même métier, qui s'entendaient entre eux et se défendaient mutuellement.

Et cette union, cette fraternité, jointe au plaisir secret de s'appartenir, de s'administrer, d'*être quelqu'un*, étaient les motifs principaux, et très puissants, qui attachaient les confrères au corps dont ils faisaient partie.

Je ne doute aucunement que l'établissement d'une confrérie, accommodée aux idées modernes, ne soit aujourd'hui, comme autrefois, le principal et le plus efficace moyen d'attirer et de conserver les hommes à l'église.

Telles qu'elles étaient, les confréries anciennes ont maintenant disparu ou sont tombées dans une décadence complète. Le prêtre qui en trouve quelques restes sur sa paroisse doit les conserver comme des reliques vénérables, mais celui qui n'a pas cet avantage, perdrait son temps à vouloir en créer ; c'est peut-être très regrettable, mais il n'y a pas de remède. Jamais on n'amènera nos ouvriers ou nos paysans actuels à réciter du latin, à porter le costume des religieux et à pratiquer des dévotions de couvent.

Mais cela n'est pas nécessaire. Le latin et la coule ne sont pas de l'essence d'une confrérie.

Qu'est-ce qu'il y a d'essentiel dans une confrérie d'hommes ? Deux choses, à mon avis : une chapelle avec exercices de piété spéciaux, et surtout une *administration autonome.* **Nécessité d'une administration autonome.**

J'appelle tout particulièrement l'attention du Curé-fondateur sur ce point important. Voulez-vous avoir des hommes·dans votre église ? Voulez-vous former une réunion nombreuse, durable et honorable ? Laissez-les s'administrer eux-mêmes. Donnez-leur un *chez eux* : il ne faut pas qu'ils soient chez vous, mais chez *eux.*

Beaucoup de prêtres ont sur ce point de fâcheux préjugés qui sont, je crois, un des principaux obstacles à l'efficacité de leur zèle. Avec d'excellentes intentions ils se condamnent eux-mêmes à la stérilité. Ils veulent tout faire et s'imaginent que toute initiative doit venir d'eux : une œuvre qu'ils ne gouvernent pas leur devient par cela même suspecte. Il leur semble que les laïques n'ont qu'à obéir en tout et partout, et que l'ordination sacerdotale leur a donné à eux, à l'exclusion de tout autre, le don de prudence et le droit de se conduire tout seuls. **Préjugés contre l'autonomie ; leur cause.**

Cette disposition d'esprit vient de plusieurs causes. D'abord d'une certaine confusion entre ce qui est du domaine de la foi et ce qui est de l'ordre temporel. Nous avons, nous autres prêtres, mission divine de prêcher, absoudre et diriger au for de la conscience. Notre parole a une autorité et une grâce qu'aucune parole laïque ne peut avoir. Dans l'église, le prêtre a le gouvernement et la préséance d'honneur : *præest.* Les études théologiques ont donné au clergé une compétence toute particulière sur les questions de pure doctrine, compétence que les laïques ne songent nullement à contester, et qu'ils reconnaissent au contraire par de fréquentes consultations. Tout cela nous a donné, pour ainsi dire, une habitude de parler *ex cathedra*, de prendre d'instinct la première place et de nous croire indispensables partout. Mais la théologie n'a rien à voir à la gestion d'une caisse, à l'élection d'un président, à la location d'une salle ; et l'ordination sacerdotale ne nous donne sur ces choses aucune lumière ni aucun droit particulier.

En second lieu, l'habitude d'avoir affaire à des enfants et à des femmes. Les enfants ont besoin d'être guidés et gouvernés, même réprimandés et corrigés ; les femmes, par le rôle subordonné que Dieu leur a destiné et que la loi leur reconnaît, sont toutes prêtes à subir une direction aussi minutieuse que l'on veut. Mais le caractère viril est tout l'opposé. Nous n'avons plus l'habitude de traiter avec les hommes et parfois, sans nous en apercevoir, sans le vouloir, même en affichant les intentions les plus contraires, nous les traitons en pratique comme des enfants.

Enfin, un certain esprit de centralisation, je ne dirai pas particulier à notre pays et à notre siècle, mais du moins extrêmement accusé dans notre pays et notre siècle. Cette centralisation a conquis la France entière ; et depuis le ministre jusqu'aux maires de village, il n'est pas d'autorité chez nous qui n'arrive à être personnelle et despotique. Quoi d'étonnant qu'elle envahisse aussi le clergé ? Son effet naturel est de nous faire regarder comme des rivaux, presque comme des révoltés, tous ceux qui se permettent d'émettre une idée que nous n'avons pas contrôlée, un projet qu'on ne nous a pas soumis, une résolution que nous n'avons pas inspirée.

Rien n'est plus général et rien n'est plus funeste que ce préjugé.

L'Église a toujours reconnu aux laïcs le droit de s'occuper de leurs propres affaires : les confréries d'autrefois avaient des droits écrits dans la législation canonique, et non seulement le curé, mais l'évêque lui-même devaient les respecter. Les annales de la jurisprudence ecclésiastique sont toutes pleines de contestations et de procès où les confréries jouent un rôle ; et ce sont souvent les confréries qui ont le dernier mot.

Les changements survenus depuis un siècle dans la société française n'ont fait que rendre plus impérieux et plus inévitable ce besoin d'autonomie, de *self-government*, comme disent les Anglais. Aujourd'hui l'ouvrier est le maître partout : dans sa commune, dont il nomme le conseil municipal et le maire ; dans son syndicat, qu'il administre à sa fantaisie ; dans la France entière, qu'il gouverne en réalité par le suffrage universel. Quel singulier anachronisme de le tenir en tutelle pour le gouverment d'une petite société paroissiale ! Et quoi d'étonnant qu'il s'en dégoûte et s'en éloigne ?

Mais, direz-vous, il fera des sottises, il contractera des dettes, et ce sera, en dernière analyse, au curé à payer. — Je ne crois pas que cela arrive. Toutes les fois, à ma connaissance, qu'une caisse a été réellement et effectivement entre les mains des ouvriers, elle a été bien administrée. Si l'administration ouvrière a péché par quelque endroit, c'est plutôt par excès de scrupules et de timidité.

Et après tout, supposé qu'il y eût quelque risque à courir, — ce que je ne crois pas, — cela n'en vaudrait-il pas la peine ? Vous consacrez de l'argent à des dépenses d'ornement, d'embellissement, — oserai-je dire de luxe ? — à des jeux dont la destinée est d'être mis en pièces prochainement par ceux mêmes pour qui vous les achetez. Et c'est de l'argent bien employé, puisqu'il sert à procurer la gloire de Dieu. Pourquoi redouter si fort un risque éventuel et improbable, quand il s'agit d'une œuvre aussi importante, *qui ne peut réussir autrement ?*

Notez que si vous ne donnez pas à vos hommes cette autonomie nécessaire, ils ne la réclameront pas. Ils feront même difficulté de la recevoir quand vous la leur offrirez. L'ouvrier, et surtout l'ouvrier dévot, est timide, facilement quémandeur, effrayé de l'avenir et craignant les responsabilités. Il abandonnera volontiers la caisse de sa société à votre gestion, à condition que vous l'alimentiez, et en trouvant que vous n'en faites jamais assez. Il vous laissera décider seul toutes les questions de personnes et ne protestera contre vos choix qu'en se retirant, sans donner jamais ses raisons. Insolent et tyrannique quand il est en groupe et en masse, il est timide et circonspect quand il est isolé ; il tient avant tout à ne pas compromettre sa bourse et à ne pas se créer d'embarras.

Il faudra donc que vous le contraigniez doucement, que vous forciez son inertie, que vous vainquiez sa méfiance. Mais aussi lorsqu'il aura bien compris qu'il ne risque rien, qu'il n'y a point de piège caché, lorsqu'il aura *pris l'habitude*, qu'il se sentira décidément chez lui, il se trouvera si bien dans votre local, — pardon, dans *son local*, — qu'il s'y attachera du plus profond de son âme. Votre œuvre sera faite, et tellement faite qu'il faudra une révolution pour la détruire. Elle sera d'une solidité à toute épreuve, et, bien loin que vous soyez obligé de vous dépenser et de vous ingénier pour la maintenir, vous y trouverez vous-même au besoin un appui et un refuge.

Notez, en second lieu, qu'il ne faut pas vous abandonner aveuglément au suffrage universel. Le suffrage universel est tellement entré dans nos mœurs qu'on ne peut lui fermer la porte tout à fait. Il faut qu'il y ait des élections, des élections où tout le monde soit appelé. C'est regardé par beaucoup de gens comme un droit acquis. Mais c'est un danger et une cause de ruine à peu près certaine. Le suffrage universel amène presque infailliblement la domination des médiocres et des intrigants. Il est incompatible avec le respect des traditions. Vous tacherez donc de ne le mettre qu'en étiquette. Vous le dirigerez sans avoir l'air. Vous aurez un règlement combiné de façon à mettre le pouvoir véritable dans l'élite, et à ne laisser au vote des assemblées générales qu'une ratification. — Nous expliquerons cela tout à l'heure.

Dans l'association qu'il s'agit de fonder, vous vous effacerez donc complètement, et, de parti pris, vous vous efforcerez de laisser toute l'initiative aux membres.

Dans la chapelle, c'est tout différent. Là, le curé **La chapelle** est le maître absolu et sans contrôle. Il faut que **et la paroisse.** vos hommes y viennent d'eux-mêmes et sans qu'on ait besoin de les appeler. Et ils y viendront, ils se feront un honneur et un plaisir d'y venir, ils y attireront les autres, si vous savez les intéresser.

Pour cela, point de discours académiques. Point de discours tapageurs et semi-politiques. L'Évangile ! Cela contient tout, peut servir à tout et est toujours nouveau. Point de bégueulerie ; dites les choses clairement, comme faisait saint Paul. Des conseils pratiques, un peu personnels : le ménage, l'éducation des enfants, les devoirs des époux, les lectures, la tempérance, les devoirs de citoyen, la prière en commun, l'honnêteté dans le commerce, le respect de la réputation d'autrui, la nécessité de la pénitence, etc., etc. Ne craignez pas d'entrer dans le détail et de mettre les points sur les i. Mais dites tout cela à votre point de vue sacerdotal, au point de vue de l'âme, de l'éternité, de Dieu. Pas de longueurs. Mais, soignez, préparez votre petit discours, et ne vous aventurez pas sans être bien sûr de ce que vous dites. L'ouvrier est beaucoup plus au courant qu'on ne le croit d'ordinaire. Il a du jugement, un certain goût, et n'aime pas qu'on lui en impose.

Des offices, pas trop multipliés ni trop longs, mais convenables. N'ayez pas la manie de tout écourter, comme si vous rougissiez de la religion que vous annoncez.

Soyez très exact, ponctuel même pour l'heure.

Un mot sur les rapports entre la chapelle et la paroisse. Il y aurait grand inconvénient à ce que vos hommes se cantonnent dans leur chapelle et ne paraissent jamais à la paroisse. Ç'a été un des côtés faibles des anciennes confréries, peut-être un des abus qui s'y sont introduits peu à peu. Elles étaient étrangères à la paroisse, et d'étrangères devenaient rivales et hostiles. Il est très important que vos hommes se fassent voir. Cela les affermit eux-mêmes dans la foi, détruit en eux le respect humain, console les fidèles, étonne et touche les indifférents. Que vos hommes — à moins d'impossibilité — assistent en corps aux processions dans l'église et hors de l'église; qu'il y ait pour eux une retraite pendant la semaine sainte; qu'ils fassent leurs Pâques à la paroisse avec une certaine solennité. Ce sera même un moyen de recrutement, et non le moindre.

Les vertus conquérantes. Permettez-moi, mon cher confrère, de vous recommander en particulier certaines vertus, deux spécialement, qui sont des vertus conquérantes : d'abord la charité et le désintéressement. Ayez la réputation de n'avoir rien à vous, au point de vous dépouiller de ce qui vous appartient et de vous imposer au besoin quelque gêne. Ensuite la modestie : soyez bon enfant, *pas fier*, avenant, PATIENT. *Et videbis mirabilia.*

Allez souvent trouver vos hommes. Soyez avec eux aussi souvent et aussi longtemps que vous pourrez. Perdez votre temps avec eux : le bon Dieu comptera un jour ce temps comme des mieux employés. Gardez-vous de toute morgue, de toute prétention, d'avoir l'air d'un pion de collège, d'un pédagogue ou d'un prédicateur. Sachez jouer aux jeux qu'ils aiment ; intéressez-vous aux choses qui les touchent. Rendez-leur service ; mettez tout ce que vous avez et tout ce que vous savez à leur disposition.

Mais ne prenez à aucun prix le rôle d'un distributeur de places ou d'un protecteur influent auprès des personnages officiels. C'est une chose étonnante combien on est peu reconnaissant pour ce genre de service, et combien le bon Dieu y gagne peu. Vous vous ferez plus d'ennemis de ceux que vous n'aurez pas satisfaits (et il est bien impossible que vous satisfassiez tout le monde, tant les ambitions et les cupidités de la classe ouvrière sont insatiables et dédaigneuses du possible et de l'impossible), que d'amis de ceux que vous avez servis, — sans les contenter toujours. Un prêtre doit passer pour charitable, mais non pour intrigant.

Il faut être extrêmement réservé pour attirer les hommes par l'intérêt, si vous voulez faire une œuvre solide. Il est de première importance d'avoir pour commencer de bons et sincères chrétiens : si vous montriez un intérêt matériel, vous auriez des hypocrites. Plus tard, il y aura moins d'inconvénient. Une fois votre confrérie fortement organisée et le gouvernement mis aux mains d'un conseil foncièrement chrétien et inamovible, — comme nous allons le dire, — vous pourrez être moins scrupuleux ; vous pourrez établir une société de secours . mutuels, de coopération, un syndicat, même jouer des pièces et organiser une chorale. Mais il faut que tout cela reste très secondaire et très dominé, que le droit d'exclure les membres scandaleux et de réglementer ces petites institutions reste incontesté. Surtout que ce soit la piété et le mérite, non l'utilité matérielle et musicale, qui désigne au Conseil du Cercle. Autrement, évidemment tout est perdu. Méllez-vous surtout des fanfares et des musiques : elles sont généralement la ruine des cercles où elles se créent.

Organisation, détails pratiques. Voilà pour les principes généraux. Faisons un pas de plus et entrons dans les détails tout à fait pratiques.

Titre de l'association. Vous désirez donc, cher Curé, ramener les hommes à l'église. Pour cela, vous allez former une réunion, quelque chose qui rappelle les anciennes confréries. Comment vous y prendrez-vous ? D'abord, quel titre et quel règlement choisirez-vous ? Le plus simple est de fonder un cercle catholique. Je ne dis pas, certes, qu'on ne puisse trouver autre chose, mais cette forme d'œuvre a été approuvée par l'Église et mûrie par une expérience de près d'un demi-siècle. Ce que vous ferez n'en différerait pas beaucoup, quelque nom que vous adoptiez, et il faudrait toujours en revenir à peu près au même système. Car la nature humaine est partout la même ; elle a partout les mêmes besoins et les mêmes défauts. J'appellerai donc, pour plus de clarté, votre confrérie un cercle.

Le premier noyau du cercle. Trouver un nom n'est pas le plus difficile, le principal est de trouver un premier noyau, ces quelques hommes qui seront les premières pierres de l'édifice que vous voulez construire.

Peut-être les avez-vous sous la main, et n'avez-vous qu'un mot à leur dire pour les réunir. Si vous êtes nouveau curé, la chose est en général assez aisée : vous ne connaissez encore personne, mais vous n'avez pas d'ennemis et vous avez déjà des amis. Tous vos paroissiens sont vos amis, en attendant que des circonstances malheureuses ou même vos fautes les aient aliénés. Ce qui est nouveau est beau. On vous fait crédit. Vous n'avez qu'à profiter de cette bonne volonté qui entoure tous les commencements. Il est difficile que dans une paroisse tant soit peu peuplée vous ne trouviez pas quelques bons chrétiens. Proposez hardiment votre idée : on suivra.

Ne trouvez-vous personne? Faites une retraite, ou, ce qui vaut mieux encore, donnez une mission. Même à notre époque d'incrédulité et de refroidissement, une mission occasionne toujours un certain mouvement. Pour peu que les missionnaires sachent faire, l'église sera pleine et il y aura des hommes. Ayez votre parti pris dès le commencement; mettez les missionnaires dans la confidence. Ne trouverez-vous pas dans toute l'assistance, quatre ou cinq « vieux chrétiens », comme disaient les Espagnols, ou nouveaux convertis ? Il n'en faut pas davantage.

Un mot sur ce premier choix. Ne prenez pas tout ce qui se présente. Vous en aurez probablement plutôt trop que pas assez. Il faut choisir et bien choisir : de ce choix dépend en grande partie la réussite ou l'échec définitif.

D'abord, il faut que vos hommes soient de bons chrétiens. Cela va san dire. Mais ce n'est pas assez. Il faut que ce soient des hommes respectables, bien posés, jouissant de l'estime des autres. C'est encore ici une recommandation capitale. Le degré de dévotion n'est pas ce qui doit nous guider. Peut-être est-ce ce qui guidera le Juge suprême au jour du jugement (et encore !... il y a tant d'espèces de dévotion!), mais ce n'est pas ce qui doit nous guider, nous autres hommes, vivant et agissant en ce monde. En ce monde, pour faire œuvre viable, il faut deux qualités : bonne réputation et bon sens. Prenons

Choix des premiers membres.

donc des gens qui soient estimés de leurs pairs, qui
soient bons et habiles ouvriers dans leur partie, qui
mènen' bien leurs affaires, qui conduisent bien leur
famille, dont l'honorabilité soit au-dessus de tout
soupçon. Les déshérités de l'intelligence, les mal-
traités de la vie, ceux dont la réputation a été enta-
mée, *même à tort*, nous ne les repousserons pas :
le bon Maître nous le reprocherait ; mais nous ne
les recevrons que plus tard, lorsque l'œuvre sera
bien établie, bien développée, qu'elle aura fait ses
preuves et qu'on n'aura plus à la juger.

Pas de sacristain, ni de bedeau, ni aucun de ceux
qui sont vos obligés à un titre ou à un autre. Vous
ne pouvez recevoir ces gens-là que lorsqu'il vous
sera tout à fait égal qu'ils viennent au cercle ou
qu'ils n'y viennent pas : il faut qu'ils y soient une
quantité négligeable. Mais ce que vous ne ferez
jamais, à aucun moment, c'est de les pousser dans
les charges, de les introduire, à un titre quelconque,
dans la direction. Un cercle dont le sacristain ou
le frère de M. le curé est président, ou, ce qui serait
encore pis, trésorier, est perdu. Les qualités per-
sonnelles et la bonne volonté n'y font rien ; c'est la
position qui crée l'impossibilité. Seraient-ils les
plus droits et les plus intègres, même les plus indépendants des hommes, ils seraient inévitablement
en butte aux soupçons, et le malaise, la méfiance,
les tripotages de toute espèce les entoureraient
malgré eux. Ne faites pas descendre dans votre cercle la sacristie et ses cancans.

Recévrez-vous des gens non pratiquants ?

En commençant, non. Il vous faut un noyau fran-
chement et décidément chrétien, et vous ne pouvez
espérer le former qu'avec des gens qui se confessent
et qui font leur prière. Cela saute aux yeux et il ne
devrait pas être nécessaire de le dire, mais il y a
des personnes à qui il faut dire les choses les plus

évidentes. Si c'e-¹ une œuvre philanthropique ou philosophique que vous voulez faire, prenez des philosophes ou des philanthropes. Si vous voulez avoir des chrétiens, prenez des chrétiens, suivant ce vieux principe : *Omne ens generat simile sibi*. L'exemple des fondateurs et des chefs de votre cercle sera beaucoup plus efficace que tous vos sermons et, en tout cas, vos sermons n'auront aucune efficacité sans cet exemple. Ceux qui viendront après ne se croiront jamais obligés à en faire plus que ceux que vous avez choisis vous-même comme les fondements de votre œuvre ; que dis-je ? ils n'auront jamais l'idée que vous le leur demandez sérieusement.

Mais une fois le cercle fondé, faut-il admettre ceux qui ne pratiquent pas ? Oui, certainement, et là-dessus il ne saurait y avoir l'ombre d'un doute. Sauf les gens scandaleux, il faut recevoir tout le monde. A quoi servirait le cercle, s'il ne contenait que ceux qui sont déjà convertis ? Le cercle est un moyen de conversion, une antichambre de l'église. Vous serez bien heureux si vous y rencontrez quelque gros poisson ; une fois dans le cercle, il est déjà dans votre filet. Gardez-vous de l'effaroucher, de le dégoûter ; s'il ne quitte pas le cercle, il est à vous ; ce n'est qu'une affaire de temps et de bons procédés.

Le cercle, moyen de conversion.

Mais les non chrétiens ne pourront-ils pas causer des scandales, changer l'esprit du cercle ? — Causer du scandale, c'est bien peu à craindre. Ou ils se convertiront, ou ils se retireront d'eux-mêmes : le crucifix et la soutane de M. le Curé feront sur eux l'effet d'un repoussoir. — Changer l'esprit du cercle, cela pourrait arriver si l'administration du cercle n'était pas solidement organisée et tout à fait au-dessus de la portée du premier venu. Avec un conseil *inamovible*, que vous tiendrez en éveil, et

2

que vous ne laisseres pas abdiquer, vous n'avez rien à craindre.

Il y a une autre catégorie dont il faut se méfier : ce sont ces têtes à systèmes qui vous encombrent de leur zèle et vous suffoquent de leurs conseils. Dieu vous garde de ces entrepreneurs de bonnes œuvres, de ces sauveurs de l'Église, qui ont toutes les qualités sauf le bon sens, et toutes les vertus sauf l'humilité !

Le petit nombre. Une réunion d'hommes pratiquant ouvertement la religion, respectables et estimés, indépendants, ayant de la modestie et du bon sens, voilà bien des qualités. Ce sera, direz-vous peut-être, difficile à trouver. — Il y a, vous répondrai-je, une consolation et une compensation : c'est celle du petit nombre. Il n'est pas nécessaire, il est même dangereux d'être nombreux. Peu et bon, voilà la formule. Quatre ou cinq, même trois ou quatre pères de famille honorables, bons ouvriers, respectés dans le pays, raisonnables, modestes, bons chrétiens et ne dépendant pas du curé, généralement cela existe à peu près partout, et il ne s'agit que de se donner la peine de le chercher. Le difficile ne sera pas de les découvrir, ce sera de les décider à faire quelque chose, de les amener à vaincre le respect humain, de leur donner confiance dans l'avenir.

Cela peut être laborieux, je l'avoue.

Mais, s'il n'y avait aucune difficulté, il n'y aurait aucun mérite ; et ne serait-il pas ridicule de prétendre qu'on pourra faire une chose aussi considérable que de ramener ses paroissiens à l'église sans se donner aucune peine ? Il faudra de longs efforts, peut-être de grands sacrifices, peut-être l'emploi répété de cette recette divine que le Seigneur nous donne contre l'ennemi des âmes : *oratio et jejunium* ; mais la grandeur du but donnera du courage.

Question préjudicielle : Est-il toujours possible, et toujours utile de fonder un cercle catholique ?

D'abord, il y a un cas où il n'y a évidemment rien à fonder, parce que la matière première manque, si l'on peut se servir de cette expression. C'est celui où il n'y a pas assez de monde, celui des petites paroisses, de cent, deux cents, trois cents âmes. Là, vous n'avez pas les éléments nécessaires d'un cercle, mais aussi vous n'en avez pas besoin. On peut dire que l'influence personnelle du curé grandit en proportion directe du petit nombre de ses ouailles. Il connaît personnellement tous ses paroissiens, et n'a aucun besoin de les réunir pour dissiper leurs préjugés et les gagner à Jésus-Christ.

Même dans les paroisses des villes et des villages considérables, il y a certains cas où l'utilité d'un cercle paraît douteuse. Supposé qu'il y ait dans votre église une vieille confrérie, encore debout, peut-être pas bien active ni bien fervente, peu importe. Il faut y regarder à deux fois avant de lui susciter une espèce de concurrence qui divisera le pays en deux camps, et vous créera à vous-même des difficultés inextricables.

Supposez encore qu'il y ait quelques réunions déjà existantes : Cercles, Orphéons, Sociétés, etc., qui, sans être hostiles, soient seulement étrangères à l'idée religieuse ; que les membres de ces réunions soient en bons termes avec le curé, viennent individuellement à l'église, assistent en corps à la messe certains jours de l'année... Tout cela est bien insuffisant, à coup sûr, et un curé zélé désire davantage. Il rêve une réunion plus fervente, plus à *lui*, où le bon Dieu soit non pas toléré, mais largement servi, où on ne se contente pas de n'être pas ennemi, où l'on soit apôtre... Mais, dit le proverbe italien : *Il meglio è il nemico del bene.* Si les sociétés indifférentes blessées par une rivalité inattendue et menacées dans leurs intérêts allaient se tourner décidément contre vous ?... Si tous ces chrétiens tièdes, qui deviennent des amis et presque de bons chrétiens quand vous les abordez en particulier, allaient devenir des ennemis, aigres et inabordables ?... Si en attirant à vous ceux qui sont bons, — un très petit nombre, — vous donniez aux francs-maçons, aux socialistes, une occasion favorable d'attirer à eux tous les autres ?... Un curé prudent pèsera tout cela, et ne se décidera à passer outre qu'après avoir beaucoup réfléchi, beaucoup prié, beaucoup consulté, et surtout beaucoup attendu. Le temps arrange bien des choses, et la précipitation en gâte encore davantage.

Mais supposons que vous n'ayez devant vous que le néant, ou, ce qui est encore pire, des réunions nettement mauvaises, et une active propagande du mal. En ce cas, qui est malheureusement fort commun, le cercle catholique s'impose.

Voilà donc votre premier noyau rassemblé. Vous tâchez de le former, de le pénétrer des principes que vous désirez. Vous réunissez vos hommes dans le salon de votre presbytère ; vous les invitez à y venir aussi souvent que possible. Vous faites avec eux quelques parties de boules dans le jardin, ou quelques parties de cartes à la veillée. Vous leur répétez qu'ils sont la portion la plus chère de votre troupeau, que vous ne pouvez pas vous résoudre à vivre loin de vos paroissiens, qu'il faut que les chrétiens se connaissent et se soutiennent, puisque nos ennemis savent si bien se soutenir, qu'un chrétien qui ne l'est que pour lui seul ne remplit pas tout son devoir, et toute l'attente du bon Dieu...

Vous leur parlerez de ce qui se fait ailleurs, vous leur lirez et leur commenterez le règlement du cercle futur.

Pendant ce temps, vous chercherez un local, et vous demanderez les autorisations, si vous les jugez nécessaires. On sait qu'en ce siècle de liberté, on peut tout faire, excepté le bien. Mais le bien lui-même peut être autorisé à la rigueur, pourvu qu'il soit modeste, et ne fasse pas trop parler de lui. Les formalités à remplir ne sont pas de mon ressort, et il faudra en demander le détail aux hommes compétents (1).

Je vous recommande seulement un extrême soin de passer inaperçu. Gardez-vous de tout ce qui pourrait sentir la politique, de près ou de loin. Ne vous mêlez pas plus d'approuver le gouvernement que de le critiquer. Il veut peut-être encore moins de nous comme amis que comme ennemis.

Dans votre local, il faut du confortable : un peu de luxe n'irait pas mal, si vous pouviez. Peut-être n'aurait-il pas fallu dire cela il y a un siècle et même un demi-siècle. Mais l'ouvrier actuel est déshabitué de la simplicité qui suffisait à ses grands-pères. Partout où il va, on se met en frais pour lui, et dans aucun des lieux où on cherche à l'attirer, cafés, bars, théâtres, on ne regarde à la dépense. Nous ne devons pas être trop en dessous de la réunion anticléricale d'en face. Il faut être *à la hauteur*. Si la différence entre les deux était trop choquante, les hommes seraient humiliés d'y venir, et l'œuvre serait compromise. On comprendra très bien que des gens sérieux ne fassent pas de folies, mais il

Le local du cercle.

(1) On consultera utilement la loi du 1er juillet 1901 sur les Associations.

faut qu'on se trouve bien dans votre cercle et qu'on n'ait pas honte d'y venir.

C'est ici que se place le rôle de ce qu'on appelle un peu fastueusement la classe dirigeante ; ce sera le plus souvent son seul rôle : vous aider pécuniairement à installer et à aménager votre cercle. C'est là un grand service que vos paroissiens riches vous rendront, et qu'ils rendront à la paroisse et aux âmes. Y a-t-il maintenant en l'année 1903 une province reculée, un coin oublié par le démon révolutionnaire, où subsistent encore, comme des épaves surannées d'un passé à jamais disparu, quelques restes du vieux respect et de la vieille confiance des paysans pour le châtelain et réciproquement du dévouement simple et quasi paternel du châtelain pour *ses* paysans ? Si vous avez l'insigne bonheur de trouver cela, conservez et entretenez ces sentiments comme une des plus suaves fleurs qu'ait produites l'Évangile, mais si vous ne le trouvez plus, n'espérez pas le faire renaître. Presque partout vous ne rencontrerez, d'un côté, qu'un peuple envieux, rebelle à toute supériorité, qui repousse résolument et à priori tout patronage, et de l'autre, des parvenus qui parfois ne manquent pas de bonne volonté, mais qui n'ont rien de ce tact, de cette délicatesse, de ce respect et de cet amour du pauvre qui seuls peuvent rendre le patronage possible. Dans ce cas-là, qui est celui de la presque universalité des paroisses, demandez-leur leur argent, remerciez-les-en chaleureusement au nom de Dieu, comme vous devez ; mais ne cherchez à amener aucun contact et ne parlez même pas à vos ouvriers des dons que vous avez reçus.

Emblèmes religieux, leur nécessité. Une fois le local loué et aménagé, qu'y mettez-vous ?

D'abord et avant tout, un crucifix et une image de

la sainte Vierge, plus un exemplaire imprimé et bien encadré du Règlement des Cercles, que vous aurez arrangé pour votre clientèle, approuvé et signé par M⁰ʳ l'Évêque : un peu de pompon ne fait pas de mal.

Pour le crucifix, ce n'est pas seulement un pompon. C'est un drapeau, c'est une profession de foi visible ; c'est, si l'on peut employer cette expression un peu étrange, c'est une barrière. Vous êtes sûr que jamais Notre-Seigneur Jésus-Christ ne sera traité en ennemi dans une salle où son image brille à la place d'honneur, et que ceux qui le haïssent ne s'y sentiront pas à l'aise. Ils se convertiront, ou s'en iront.

Ensuite, mettez-vous-y vous-même. Venez-y aussi souvent que possible, apprenez à y perdre votre temps, comme nous avons dit. La soutane a un peu le même effet que le crucifix : elle rallie les bons, et met les mauvais en fuite. — D'ailleurs, le cercle est un des meilleurs terrains de votre apostolat.

La chapelle. Le cercle doit avoir une chapelle, comme on a dit plus haut. Si l'on ne peut pas faire mieux, on peut prendre un coin de l'église paroissiale. C'est très insuffisant, et il serait bien à désirer que les hommes n'eussent pas besoin de sortir de chez eux pour trouver le bon Dieu, que leur dévotion, toujours gauche et un peu timide, n'eût pas à affronter de regards indiscrets. Mais on fait ce qu'on peut.

Dans les grandes occasions, processions, Pâques, retraites, etc., le cercle viendra à la paroisse.

La cour. Il faut aussi, autant que faire se peut, une cour ou jardin où l'on puisse jouer aux boules. Il faut au moins un assortiment de jeux de toute espèce, des consommations avec tout l'attirail nécessaire. L'en-

tretien sera dorénavant à la charge du cercle, mais
la première installation, c'est vous qui devez la
fournir. — Faut-il construire une scène où se jouent
des pièces de théâtre ? Cela n'est pas défendu,
mais les meilleurs cercles que je connais n'en jouent
point.

**Ouverture
du cercle.** Tout est enfin prêt : d'un côté, votre premier et
fidèle noyau que vous avez réuni, formé et chauffé
chez vous, pendant qu'on préparait l'établissement
matériel ; et de l'autre côté, votre local tout pimpant,
blanchi de frais, meublé à neuf, et enguirlandé pour
le jour d'ouverture.

Ce jour-là, vous ferez fête. Ne ménagez pas la
dépense, si vous pouvez. Faites venir un prédicateur
dans la chapelle. Trouvez un président un peu déco-
ratif. Invitez tous les gros personnages du pays :
M. le maire, M. le sous-préfet, le directeur de l'usine
ou du charbonnage, le président du syndicat agri-
cole, quelque académicien de passage, les présidents
des cercles voisins... De la musique. De la bière,
ou du champagne, selon les localités. Et invitez,
nommément, par lettre personnelle, toute la partie
virile de votre paroisse, avec permission d'amener
leurs familles ; il va sans dire que les dames, reçues
en ce jour solennel, ne le seront plus à l'avenir.

Vous ne manquerez pas de faire en commençant et
en finissant une prière courte, mais bien accentuée.

Puis après le président et les autorités, vous irez
vous-même de votre petit discours, où, à la suite des
remerciements et compliments obligatoires, vous
ferez votre petite annonce : « Tous ceux qui voudront
faire partie de la nouvelle fondation n'auront qu'à
donner leur nom à M***, *président provisoire*, ou
à M***, *trésorier provisoire.* »

Qui accepterez-vous parmi ceux qui se présen-teront ?

Tout le monde, pratiquants et non pratiquants, comme nous avons dit.

Je ne vois que deux exceptions : d'abord ceux qui n'ont pas l'âge requis, et ensuite ceux qui ne peuvent pas ou ne veulent pas payer la cotisation.

Ce dernier point est absolument essentiel. Point de membre gratuit si vous voulez une fondation sérieuse. Il faut une quotité, aussi basse que possible ; elle variera selon les endroits : ainsi il tombe sous les sens qu'on ne peut pas exiger la même somme à Paris et dans les Alpes ou les Cévennes ; il y a même des endroits où la quotité pourra n'être que de quelques sous par an.

Mais il en faut une. On méprise ce qui ne coûterien et on ne s'attache qu'en proportion des sacrifices qu'on fait. Celui qui ne paie rien s'en ira au premier désagrément, et en attendant qu'il s'en aille, il sera le plus incommode et le plus exigeant de tous. — Si on ne fait payer personne, ce n'est plus un cercle, c'est une œuvre de bienfaisance. Les hommes n'ayant rien à administrer, ne prendront aucun attachement, et ,par suite n'auront aucune persévérance. Si vous faites payer les uns et pas les autres, ceux qui paient ne manqueront pas de le savoir, ils se plaindront d'une inégalité qu'ils trouveront injuste, et au bout de peu de temps refuseront d'acquitter un tribut dont les autres seront exempts. — J'aimerais même que le cercle fût propriétaire de son local ; c'est ainsi que les choses se passaient au temps des anciennes confréries, qui duraient des siècles. Ce serait un idéal. Mais il y a à cela de telles difficultés pratiques que je n'ose insister.

On peut seulement dispenser de payer temporairement et accidentellement un membre du cercle, exact d'ordinaire, qui se trouve dans une gêne exceptionnelle ; mais cette dispense doit être accordée par le conseil ouvrier, sous le secret. L'expérience fait voir que les ouvriers sont les meilleurs juges en cette matière, et qu'il n'y a pas à craindre de leur part ni sévérité excessive, ni manque de discrétion. Ils se connaissent beaucoup mieux entre eux que nous ne les connaissons.

Âge d'admission La question de l'âge est aussi essentielle. On ne peut mêler les enfants et les hommes, et un garçon de dix-huit ou dix-neuf ans est encore un enfant. L'âge du service militaire est un minimum qui ne doit guère être dépassé. Beaucoup de cercles ont péri pour s'être montrés sur ce point d'une largeur excessive. S'il s'agissait de confréries à l'ancienne mode, où l'on ne se réunissait que pour réciter l'office, il n'y aurait aucune limite d'âge à établir. Mais dans une réunion où l'on joue, où l'on cause, les jeunes gens et les hommes faits sont incompatibles. La jeunesse n'aime que le bruit, et le bruit importune l'âge mûr. Dans une salle de cercle ils s'ennuient, et ennuient leurs voisins plus âgés. Ils sont incapables de faire partie d'une assemblée délibérante, et de ne pas abuser de la liberté qu'on laisse à des hommes. Dans un cercle bien tenu, on permet aux papas d'amener avec eux leurs fils encore jeunes ; sous l'œil paternel, le jeune garçon sera sage, et peut-être son amour-propre, flatté de se voir mêlé à des hommes, lui fera trouver du plaisir à une société si peu faite pour lui. Mais en dehors de cela, que chaque âge soit à sa place : les gens sérieux au cercle, et les jeunes gens au patronage. Nous verrons tout à l'heure que le règlement d'un patronage bien tenu est presque en toutes choses le contre-pied de celui d'un cercle.

Peut-on recevoir ceux qui sont peu exacts ? des gens trop occupés pour venir souvent ? Oui, sans doute. On peut être un bon et très bon membre du cercle sans y venir souvent. Un chrétien sérieux fera passer *beaucoup de choses* avant le cercle, surtout la famille. Qu'on soit fidèle aux assemblées générales, aux séances du conseil, aux messes mensuelles et aux autres exercices religieux ; qu'on soit zélé pour recruter de nouveaux membres, pour encourager ceux qui sont déjà reçus, pour se charger des commissions délicates, onéreuses et pénibles... et on sera un membre modèle, même quand on paraîtrait peu dans la salle de jeu. Cela se voit tous les jours dans les cercles les plus florissants.

Parlons maintenant un peu de l'organisation, de l'administration du cercle. C'est là la maîtresse pièce de toute la construction que vous voulez élever. **Administration intérieure.**

Le cercle sera gouverné, comme tout ce qui existe dans notre pays, par un Bureau, composé d'un président, d'un vice-président, d'un secrétaire, d'un trésorier, tous élus, tous ouvriers. Il y aura deux espèces d'assemblées périodiques : l'*assemblée générale* à laquelle tous les membres sont convoqués, et le *conseil intérieur*. Vous, vous aurez le titre de *Directeur*, titre un peu vague et un peu élastique qui vous donne le droit d'assister au Conseil, mais qui ne vous expose à aucune responsabilité.

Prenez ce titre vous-même : ne le cédez à aucun vicaire. Ce n'est pas au vicaire, quelque zélé, quelque bien vu qu'il soit, d'être comme le père et le pasteur des *hommes*. J'excepte évidemment ces paroisses énormes qu'on trouve dans de très grandes villes, où il y a un grand nombre de vicaires dont quelques-uns sont aussi âgés et aussi peu sujets au changement que la plupart des curés. Et même en ce cas j'aimerais bien que M. le curé prît pour lui le titre de directeur, et n'envoyât M. le vicaire que comme **Du Directeur.**

son représentant ; qu'il vînt au cercle de temps en temps et assistât aux fêtes solennelles, à la place d'honneur. Pour réussir il faut dominer son public : un jeune vicaire ne dominera pas des pères de famille pour lesquels il n'est qu'un blanc-bec ; un prêtre que l'on change tous les trois ou quatre ans ne dominera pas des conseillers inamovibles qui sont en charge depuis dix et vingt ans. Il faut le curé qui a vieilli dans sa paroisse, et dont tous les paroissiens sont les enfants. Les qualités de la jeunesse, l'ardeur, l'entrain, le zèle, ne sont nullement ce qui est nécessaire pour une réunion d'hommes rassis qui ont passé l'âge des entraînements. Les gens âgés ont leurs habitudes, leur routine, dites, si vous voulez, leurs manies : il faut savoir respecter cela, et pour en être capable, il faut une condescendance, une maturité, que donnent seuls l'âge et l'expérience.

Nous laisserons donc, si vous voulez bien, M. le vicaire au patronage, où il est tout à fait à sa place. Il y dépensera son zèle, à morigèner, à catéchiser, à poursuivre jusque dans la rue et à la sortie des écoles, les gamins récalcitrants ; son initiative et sa générosité, à imaginer, à installer des jeux nouveaux... Vous, vous viendrez tranquillement — et non moins utilement — faire une partie de manille, de tarots ou de boules avec vos pères de famille : les jeunes avec les jeunes, les vieux avec les vieux.

Le Bureau. Je reviens à la formation du Bureau. Les officiers, président, vice-président, etc., sont élus chaque année, au suffrage universel, sur une double liste préparée par le conseil. Ainsi on propose deux candidats pour la charge de président, deux pour celle de secrétaire, etc. L'Assemblée générale convoquée solennellement choisit entre ces deux candidats, sans pouvoir proposer d'autres noms, sous peine de nullité. Les membres du Bureau sont indéfiniment rééligibles ; cela est nécessaire, vu la pénurie de sujets capables dans les milieux ouvriers ou paysans.

Le président représente le Cercle, s'asseoit à la place d'honneur, et tout se fait en son nom ; mais ce n'est pas lui qui gouverne. Il n'a qu'un pouvoir exécutif, subordonné et responsable.

Le gouvernement appartient au Conseil. Le Conseil se compose d'un nombre indéfini de membres, qui se réunissent une fois par semaine, ou au moins une fois par mois. Tous les membres sont égaux, et ils n'ont chacun que sa voix, même le président, lequel est toujours pris dans son sein, ainsi que les autres officiers. Le Directeur assiste au conseil. Dans les matières qui intéressent la foi et les bonnes mœurs, il a un droit de *veto* absolu.

Le Conseil, son rôle.

C'est le Conseil qui décide tout, qui choisit les candidats aux diverses charges constituant le Bureau, qui fixe les dépenses, qui choisit les nouveaux conseillers, qui reçoit les nouveaux membres du cercle, qui prend toutes les mesures que réclament les circonstances. L'Assemblée générale ratifie ou rejette les nominations faites par le Conseil, mais elle n'a aucune initiative.

Toutes les réunions, soit du Conseil, soit de l'Assemblée générale, commencent par la prière.

Et de quoi s'occupe-t-on dans ces diverses assemblées ? L'occupation n'y manque jamais lorsque le goût et le zèle y sont. Le moindre détail devient une affaire. Mais pour que le zèle et le goût y soient, il faut que vos hommes se sentent bien libres. Si vous avez la maladresse de vous mêler trop activement de cette petite administration, d'avoir votre idée et de l'imposer, toute bonne volonté disparaîtra. Je ne parle pas de la chapelle, au sujet de laquelle vous ne devez pas même souffrir de discussion.

Préparer le banquet annuel et faire la liste des

invités ; examiner les demandes d'admission et dresser les listes des candidats ; correspondre avec les autres cercles et répondre à leurs invitations, etc..., voilà ce qu'on discute au Conseil. Mais l'occupation principale, celle qui résume toutes les autres, c'est le soin de la caisse. La rentrée des cotisations, le palement des dépenses courantes, l'exécution des menues réparations, comme peinture, vitrerie, tapisserie, et surtout la tenue d'un comptabilité impeccable, voilà ce qui sera la plus chère et la plus vive préoccupation de vos ouvriers. A chaque assemblée générale, on donne l'état de la caisse. Et il n'y a rien dont nos braves ouvriers soient aussi fiers que de la bonne gestion de leurs modestes finances. Ils sont chez eux, le cercle est à eux, personne ne saurait les en chasser ; voilà pourquoi ils y mettent tout leur amour-propre et toute leur peine.

Inamovibilité des conseillers. Ce qui crée surtout ce sentiment chez les conseillers, c'est l'inamovibilité. Parlons-en un peu : c'est la clef de voûte de toute notre organisation.

Les conseillers sont inamovibles, c'est-à-dire conseillers indéfiniment et à vie, absolument comme les magistrats, ou comme les officiers de l'armée française, dont les grades sont la propriété et dont rien ne peut les dépouiller. Cette dernière comparaison se trouve dans le règlement général de l'Œuvre des cercles : de même qu'un officier ne peut jamais devenir simple soldat, de même un conseiller ne peut plus redevenir simple membre du cercle ; une fois qu'il a été choisi par les anciens conseillers, accepté par l'Assemblée générale et par le Directeur, on lui fait prononcer solennellement dans l'église un acte de consécration et une promesse de dévoûment, il reçoit l'accolade comme les anciens chevaliers, et on lui remet un insigne qui devient sa propriété, et qui fera respecter de tous sa nouvelle magistrature.

Nous aurons réalisé ce que nous disions au commencement, il est *chez lui.*

Quel avantage, dira-t-on, à se lier ainsi indéfiniment avec le même individu ? Ne vaudrait-il pas
mieux faire comme partout, renouveler le Conseil
après une période raisonnable ? — Deux avantages,
et ils sont énormes. Le premier est exprimé par ce
proverbe : « *On ne s'appuie que sur ce qui résiste ;* »
le second par celui-ci : « *On ne s'attache qu'à ce qui
vous appartient.* »

Le premier principe s'adresse à vous, curé-direc-
teur. Votre Conseil inamovible ne sera pas aussi
souple que votre sacristain, et vous serez obligé
d'avoir des égards pour lui ; mais quand vous chercherez du dévoûment, c'est là que vous le trouverez.
Vous aurez des hommes prenant un intérêt personnel aux choses de la religion. Vous aurez des
familles chrétiennes dont le chef se croira personnellement méprisé si quelqu'un dans sa maison méprise
la religion. Et quand vous quitterez votre paroisse,
vous aurez la consolation de penser que votre départ
ne ruinera pas le bien que vous y avez fait, que vous
y laissez comme une citadelle inébranlable que ni
les assauts des ennemis, — ni l'action destructive du
temps, — ni l'imprudence d'un successeur inexpé-
rimenté, — ne pourront jamais renverser.

On fait des objections. Comment fera-t-on si tel ou
tel conseiller inamovible se montre plus tard indigne,
embarrassant, dangereux ? N'allons-nous pas être
encombrés peu à peu par une masse indéfinie d'individus qui pourront empêcher toute administration,
arrêter tout progrès ?...

L'inconvénient est beaucoup plus grand sur le
papier que dans la réalité. Dans tous les cercles que
connaît l'auteur, — et ils sont assez nombreux, — le
Conseil, tout inamovible qu'il est, se renouvelle

assez vite. La mort, qui vient tôt pour la moyenne
des humains, les changements de quartier ou de pays,
les démissions volontaires, tout cela fait un mouvement assez rapide pour que le nombre des conseillers reste sensiblement le même, quoiqu'il y ait deux
ou trois élections chaque année (1). Au bout de dix
ans, les deux tiers du Conseil sont changés. Il ne
reste que quelques piliers qui sont l'édification de la
paroisse et le bras droit du curé.

Et supposé qu'un individu grincheux et gênant,
nommé par surprise, s'imposât longtemps ? — Je
ferai observer d'abord que cela est fréquent en ce
monde. Combien de fois a-t-on à supporter des gens
de mauvais caractère !... Comment fait-on en ce
cas ? On prend patience. Comme on sait qu'il n'y a
pas de remède, on s'accommode, on fait de nécessité
vertu..., et souvent les choses s'arrangent.

Mais cela même n'arrivera guère. Je parle par
expérience. Un conseiller de cette espèce sera rapi-
dement jugé et annihilé par ses voisins, qui tout en
lui laissant un titre que personne ne peut lui ôter,
prendront vite l'habitude de ne tenir aucun compte de
ses avis et de ne l'élever à aucune charge. Lui-même,
se sentant isolé et *incompris*, se dégoûtera peu à peu
et cédera la place.

(1) Ce renouvellement si prompt paraîtra peut-être à
quelques-uns contredire ce que nous avons dit de la stabi-
lité du cercle, et compromettre les espérances que nous
avons exprimées. Il n'en est rien. Les personnes changent,
mais l'esprit subsiste. C'est une vérité d'expérience qu'un
individu quelconque entrant dans un corps compact et
bien résolu, en prend immédiatement l'esprit, et souvent
même l'exagère. Les nouveaux membres étant choisis par
le Conseil lui-même, parmi ceux qui lui sont le plus sym-
pathiques, s'engagent moralement à suivre les mêmes
principes, et mettent leur honneur à se montrer dignes de
leurs aînés. C'est ainsi, *si parva licet componere magnis*,
que les grandes assemblées dirigeantes de l'histoire, comme
le Sénat romain et le Grand Conseil de Venise, ont conservé
pendant une longue suite de siècles le même esprit et la
même politique.

Il faut pour cela, je l'avoue, que la majorité du Conseil soit bonne et sensée. Oh ! cela est de toute nécessité. Avec un Conseil inamovible composé en majorité de gens grincheux, malveillants, utopistes, ou sans principes, vous êtes dans une impasse dont vous ne pouvez sortir que par la mort, — la vôtre ou celle du cercle. Mais il y a un moyen, un moyen infaillible d'éviter un pareil malheur. Je vais vous l'indiquer.

Ce moyen, c'est la *prolongation du provisoire.*

Gardez-vous de faire nommer votre Conseil définitif et inamovible tout de suite. Attendez assez pour pouvoir connaître à fond tout votre monde, c'est-à-dire longtemps.

Le jour de l'inauguration, vous installez un Conseil provisoire en déclarant bien clairement que ce n'est pas le vrai Conseil, le Conseil pour de bon; que, pour nommer le Conseil véritable, il faut attendre de se bien connaître. Cela sera accepté sans difficulté par tout le monde. Ce Conseil ainsi improvisé entrera aussitôt en fonction et gouvernera toutes choses. Eh bien ! mon moyen c'est de ne le remplacer par un Conseil définitif que le plus tard possible. *Faites durer le provisoire.* Ces conseillers par intérim, vous les jugerez à l'user. On les jugera, ils se jugeront eux-mêmes. Vous n'aurez, le jour de l'élection, qu'à choisir ceux qui se seront montrés sérieux et fidèles. De cette manière, il est presque impossible que vous ayez des regrets.

Je connais des cercles où le provisoire a duré deux ans. Ce n'est pas trop. Les choix du premier jour avaient été faits un peu hasard, ce qui est tout à fait inévitable; aussi n'ont-ils pas figuré pour la moitié sur la liste du Conseil définitif, laquelle était assez courte. Mais ces choix définitifs ont été excellents. Après avoir vu les gens à l'œuvre pendant deux ans, il est impossible de se tromper.

Du Conseil provisoire.

Voilà votre cercle *en train*. Que faut-il faire pour qu'il *marche*, c'est-à-dire pour qu'il se maintienne et qu'il soit florissant ?

Peu de chose, je dirai presque le moins possible. Agissez peu, proposez peu, discutez peu. Laissez faire, ne commandez guère, et surtout ne criez pas et ne grondez pas. Point d'emportement, point d'empressement, point de critique de ce qui se fait et de ce qui ne se fait pas.

Soyez ponctuel. Qu'il y ait dans tout ce qui vous regarde (la chapelle, par exemple), quelque chose de cette régularité parfaite dont les astres au ciel et les chronomètres sur la terre nous donnent l'exemple ; que les exercices qui dépendent de vous se fassent avec une exactitude d'horloge, commençant à la même heure, durant le même temps et se faisant de la même manière.

Allez dans votre cercle le plus que vous pourrez, comme nous l'avons dit plusieurs fois. Ayez l'air gai et confiant. Si vous avez des soucis, laissez-les à la porte ; n'en chargez pas ceux qui n'en ont pas la responsabilité et à qui votre air morose et préoccupé pourrait donner du rebut.

Soyez bon enfant, cordial, familier ; mais évitez absolument un genre grossier qui avilit et empêche le respect ; la confiance est impossible sans respect. Évitez plus encore, s'il est possible, la morgue et les airs suffisants. Intéressez-vous à tout ce qui touche vos hommes. Prenez plaisir à leur conversation décousue, monotone, et terre à terre. Quand Notre-Seigneur nous recommande de recevoir et d'évangéliser les petits qui croient en lui, croyez bien qu'il ne s'agit pas seulement des petits par l'âge, mais au moins autant des petits par la science, par le développement de l'esprit, par le rang social.

Ce ministère est très étendu. Les ouvriers sont des hommes et ils ont tous les défauts des hommes; mais

ce sont aussi des enfants, ils ont tous les défauts, et
pas toujours les qualités des enfants. Le curé-direc-
teur est là, au milieu du cercle, comme un père de
famille. Ayant renoncé à être maître, il est d'autant
plus père. Ne se mêlant que très peu de ce qui irrite
et de ce qui divise, — argent à payer, place à donner,
admission ou exclusion à prononcer, — il prend pour
lui toute la partie gracieuse de l'administration.

Une dispute, une compétition s'élève-t-elle, traî-
nant après elle toute une suite de rancunes ? C'est à
lui de prêcher la paix et de rappeler les préceptes de
l'Évangile. Un malheur imprévu frappe-t-il une
famille ? Il mettra son temps, son argent, son travail
à leur disposition. Il apprendra les scandales prêts
à éclater et les étouffera par ses conseils. Il devinera
les chagrins, les désespoirs, et trouvera moyen de
les consoler. Tout cela se fera dans le cercle et souvent ne se serait pas fait sans le cercle.

Et ce n'est pas seulement les individus en particulier, c'est le cercle lui-même qu'un curé vigilant et
dévoué aidera, secourra, sauvera parfois. Quelque
florissante que soit une société, quelque excellent
que soit son esprit et solide son organisation, elle
n'est pas à l'abri de la caducité et de la corrup-
tibilité de toutes les choses d'ici-bas. Des brigues,
des cabales, de petites intrigues viendront de temps
en temps troubler sa paix, et même compromettre
son existence. Un intérêt méconnu, un amour-propre
froissé, une préférence pour une fourniture, pour une
élection, cela suffit parfois à faire des mécontents, à
former un parti, à provoquer une scission : le curé
seul, ami de tout le monde et se tenant systémati-
quement en dehors de l'administration matérielle,
peut rapprocher les esprits et les amener à des
concessions réciproques.

Le curé s'occupera du recrutement. C'est même lui

principalement que ce soin regarde. Les ouvriers le font entre eux, et c'est une source importante de recrues. L'œuvre de jeunesse ou patronage en fournit aussi, et ce sont les meilleures, parce qu'elles ont été longuement et solidement préparées ; mais elles seront peu nombreuses, parce que la persévérance complète ne sera jamais qu'une exception dans ces patronages les mieux dirigés. Mais le principal moyen de recrutement c'est la bonne réputation du cercle, l'air de contentement et d'honnêteté de ses membres, la vue de leur nombre et de leur bonne tenue à l'église, de leur cordialité et de leur dévouement les uns envers les autres. Et c'est le curé qui en sera le principal canal.

Tantôt, apprenant qu'une famille étrangère vient se fixer sur sa paroisse, et allant, comme il convient, lui faire la première visite, il apprendra qu'elle vient d'un pays encore relativement chrétien. Alors il parlera au père de la réunion des hommes de la paroisse et lui proposera tout naturellement de s'y faire agréger : le nouvel arrivé n'a pas d'amis et ce sont des amis indiqués d'avance.

Tantôt, après avoir visité un de ses paroissiens pendant une maladie, il continuera à le voir pendant sa convalescence et lui insinuera qu'il ferait bien de venir mettre sa conversion récente à l'abri d'une compagnie bien chrétienne.

Tantôt il recevra les confidences d'une mère ou d'une épouse dont le fils ou le mari, déjà ébranlé par le bon Dieu, hésite à se présenter, ne connaît personne, a honte, etc., etc.

Et tous ces nouveaux venus, c'est lui qui leur donne rendez-vous non pas à l'église, mais dans la salle du cercle ; c'est lui qui les y reçoit, qui les présente aux anciens, qui se fait leur caution le jour de l'admission provisoire, et quelque temps après se fait leur répondant et leur parrain, le jour où l'admission définitive sera solennellement discutée.

Je pense en avoir dit assez, — peut-être trop, — pour faire voir ce que c'est qu'un cercle, et quelle est son utilité.

Restent, pour ne rien oublier, quelques objections à résoudre. Car il y a toujours des objections.

Rien ne s'est établi dans l'Église sans opposition et sans contradiction. L'Œuvre des Cercles, destinée à produire un bien si profond, a subi cette loi commune.

Elle a été vilipendée et persécutée par les ennemis de Dieu et de l'Église : elle ne le regrette pas, elle s'en glorifie même, c'est son principal titre de gloire et la meilleure raison de ses espérances. Le grand public léger et ignorant la dédaigne et lui reproche de ne pas avoir sauvé la France en bloc, à peu près comme on reprocherait au médecin de n'avoir pas supprimé la mort, ou au pilote de n'avoir pas fait disparaître les écueils et la tempête. Même quelques-uns de ses meilleurs serviteurs ont essayé de lui ôter le nom original qui indique son caractère et marque sa vocation. Mais le Saint-Siège ne l'a pas permis.

Les objections sont de toute sorte. Comme toujours, les uns lui reprochent de ne pas en faire assez, les autres d'en faire trop.

Une objection assez commune est celle-ci : « Le cercle détourne les hommes de leurs familles. »

Je puis répondre par un seul mot. Voilà bien des années que Dieu a permis que je m'occupasse de cercles d'hommes : je n'ai jamais entendu dire qu'une femme se soit plainte que son mari venait au cercle catholique. Au contraire, un grand nombre y ont été amenés par leurs femmes, et le ménage n'a pas eu à en souffrir, je vous en réponds. Au cercle on ne perd pas d'argent, on ne boit pas avec excès : l'un est défendu par le règlement, l'autre est rendu impossible par l'esprit général. Un grand nombre de membres viennent peu et sont assidus seulement aux assemblées et aux exercices religieux. Ceux qui passent longtemps dans la salle de jeu perdraient beaucoup plus de temps et beaucoup plus mal, s'il n'y avait pas de cercle catholique. Le fils aîné accompagne parfois son père, et revient plus respectueux et plus sage. Les amis ne s'entraînent entre eux qu'à l'église ou à quelque partie de plaisir honnête, où la famille tout entière est le plus souvent admise. Point de journaux incendiaires ; point de discours politiques ; point d'excitation aux passions démagogiques. L'atmosphère est saine et paisible ; ce sont des amis qui se réunissent sans bruit et sans arrière-pensée. Les vertus familiales se développent naturellement dans ce milie

Il y a chez certains prêtres très zélés, très intelligents et très expérimentés, une sorte d'impression qui, tout en n'étant pas formulée comme une objection contre les cercles, est plus forte que toutes les objections et crée une espèce de fin de non-recevoir quasi insurmontable. Ces prêtres sont des directeurs de patronages, de sociétés d'excursionnistes, d'orphéons, etc., etc., composés d'enfants ou de jeunes gens. Comme ils ont l'expérience que leurs œuvres très florissantes sous leur gouvernement ne pourraient subsister un moment si ce gouvernement cessait d'être absolu et très personnel, ils ne peuvent comprendre la liberté et l'autonomie que nous réclamons pour nos cercles : notre méthode leur semble une utopie.

L'autonomie est utopique. — Différences entre le cercle et le patronage. Je tiens à leur répondre qu'ils ont parfaitement raison à leur point de vue, mais que ce qui se trouve en effet indispensable avec des jeunes gens n'est plus de mise avec des hommes.

Non seulement les deux espèces d'œuvres ne sont pas les mêmes, mais elles sont, comme nous l'avons dit, presque le contrepied l'une de l'autre. Nous ne pouvons pas, dans une étude déjà si longue, nous étendre encore sur les œuvres de jeunes gens. D'ailleurs, ce sujet est beaucoup plus connu et a été traité magistralement par feu M. Timon-David, dans plusieurs opuscules de première valeur. Nous nous contenterons de faire ressortir ici, par une série d'antithèses, les différences entre les deux espèces d'œuvres.

Les jeunes gens n'ont ni l'habitude, ni la capacité, ni la volonté sérieuse de se conduire eux-mêmes, et, en tout cas, ils sont incapables d'agir par un motif bien réfléchi. Ils ne viennent à vous que parce que leurs parents vous les envoient ou parce qu'ils sont attirés par les plaisirs que vous leur promettez. — Au contraire, les hommes, maîtres d'eux-mêmes depuis longtemps, choisissent votre société en pleine connaissance de cause, parce qu'elle leur convient, parce qu'ils partagent vos idées ; le plaisir, ils sont libres de le prendre où ils veulent et, comme il ne leur manquera pas s'ils veulent l'avoir, il n'est qu'un accessoire dans leur détermination.

Il suit de là que vous devrez exercer sur vos jeunes gens une surveillance rigoureuse, et congédier avec une extrême rigueur tous ceux qui pourraient nuire aux autres, étant d'expérience que parmi eux les plus mauvais sont toujours les plus influents, et qu'un seul qui est gâté gâte tous les autres. — Dans un cercle, au contraire, vous recevrez et vous conserverez tout le monde, étant d'expérience que ceux qui ne veulent pas se convertir s'en vont.

Rien de plus nécessaire et de plus innocent que de multiplier dans un patronage les attraits naturels, fêtes, jeux, promenades, loteries, collations, etc. — Rien de plus dangereux que d'attirer les hommes principalement par l'intérêt : vous ne feriez que des hypocrites.

Un patronage n'est qu'une famille dont le directeur est le père. Sa principale règle est son zèle et son expérience, et le principal lien qui attache un enfant à un patronage est l'affection qu'il a pour son directeur. — Au contraire, un membre du cercle est attaché principalement à son local. Il veut se gouverner lui-même, a en horreur l'arbitraire, se méfie de toute protection et est assez rebelle au sentiment.

Les jeunes gens ne sont pas encore formés, ni élevés ; ils sont *entre vos mains* pour être élevés, et c'est un principe de toute éducation qu'il faut demander le plus possible afin d'obtenir quelque chose. Vous tâcherez donc de leur inspirer le plus de piété que vous pourrez ; vous les pousserez à la communion fréquente ; vous les chargerez de bonnes pratiques. Ajoutez que l'âge de vos clients est celui des passions les plus violentes ; il faut qu'ils soient pieux ou ils se perdront. Un jeune homme est dévot ou libertin : point de milieu. — Encore ici, pour les hommes c'est tout différent. Le niveau que vous vous proposerez est assez bas : qu'ils remplissent leurs devoirs de chrétien. Les hommes ont passé l'âge où on se forme, où les passions éclatent et doivent être endiguées. Leurs habitudes sont prises, leur caractère est formé ; si vous voulez les lancer dans une haute piété, vous ne serez pas seulement compris. L'amélioration est certainement possible, mais elle doit être lente et comme insensible. Et si quelques-uns sont capables de plus de générosité, ce sera une exception à laquelle il ne faudra pas croire trop vite : vous pourriez bien avoir de cruelles désillusions. En général, prêchez les devoirs d'état et l'accomplissement intégral des commandements de Dieu et de l'Église : ce sera assez de travail et assez de succès.

Un dernier contraste. L'enfant, le jeune homme tout autant, est bruyant, tapageur, mais peu raffiné dans ses goûts; donnez-lui un local, aménagé comme vous voudrez, mais où il ait beaucoup de place: c'est l'important. Donnez-lui un directeur jeune comme lui, plein d'ardeur et d'imaginative, d'une santé vigoureuse et d'un dévouement infatigable. — Pour les hommes, il faut un local médiocre mais confortable, un directeur âgé, sage, expérimenté, capable de donner un conseil et s'imposant par sa science et, s'il se peut, par ses titres.

On pourrait peut-être pousser plus loin la comparaison, mais ce que nous venons de dire semble suffisant. Les deux œuvres, celle des jeunes gens et celle des hommes, se complètent et sont nécessaires toutes deux, quoique d'une nécessité inégale, mais elles ne se ressemblent pas. Et c'est courir à un échec certain que d'appliquer à l'une les principes qui doivent diriger l'autre.

Certains prêtres disent des cercles catholiques : « C'est du laïcisme, le prêtre n'y est pas assez le maître. » — A ceux-là je ne répondrai rien. L'Église a toujours permis ce laïcisme-là. Aucun canon de concile et aucune bulle de Pape ne déclare les laïques incapables de s'occuper de leurs affaires, ou ne décide qu'une œuvre cesse d'être catholique parce que la gestion de ses fonds ou la nomination de son bureau ne sont pas entre les mains du curé. *Le cercle est du laïcisme.*

Le système que je viens d'exposer a fait ses preuves ; j'attends qu'on en trouve un autre, exclusivement ecclésiastique, qui fasse les siennes.

D'autres enfin se plaignent que les cercles ne servent à rien, ne produisent rien. A ceux-ci je répondrai plus longuement. *Le cercle ne produit rien.*

L'objection part d'un principe secret qu'on n'ose pas avouer parce qu'il est trop contraire à l'Évangile et au bon sens, mais qui est au fond de beaucoup d'esprits bien intentionnés : c'est que le bien fait à des individus isolés ne compte pas. C'était bon autrefois ; actuellement il faut davantage. Il faut *aller au peuple*, c'est-à-dire au grand nombre. Il faut convertir les masses ; comme c'est la majorité qui gouverne, il faut ramener à l'Église la majorité. Tout le reste est méprisable.

J'avoue qu'à ce point de vue les cercles sont étrangement insuffisants ; ils n'embrasseront jamais qu'une minorité. Mais j'avoue aussi que ceux qui prétendent trouver un moyen de christianiser les masses et de ramener tout d'un coup la majorité à l'Église, me paraissent ressembler beaucoup à ceux qui cherchent la pierre philosophale. Il serait sans doute très avantageux et très commode de rendre tout d'un coup la France entière fidèle, sage, raisonnable et docile à l'Évangile. Mais c'est un secret que Notre-Seigneur Jésus-Christ lui-même et les Apôtres n'ont pas eu, et que personne, à ce que je pense, n'aura jamais.

Cette prétention d'agir directement sur les masses est absolument chimérique. *On n'agit pas sur les masses* ; on ne s'en fait suivre qu'en adoptant aveuglément leurs passions et leurs préjugés, c'est-à-dire en renonçant à agir sur elles. Il faut leur obéir, il est impossible de les éclairer et de les détourner. Jamais on n'est arrivé à une influence décisive dans le monde par une action sur les masses. On n'est arrivé à cette influence, on ne peut y arriver qu'*en formant des minorités convaincues et disciplinées* qui pénètrent les masses et finissent par les dominer. C'est ce qu'ont fait les francs-maçons, faible minorité qui a acquis une puissance irrésistible ; c'est, si l'on nous pardonne de les nommer après les francs-maçons, ce qu'ont fait les Apôtres qui n'ont jamais cherché qu'à gagner des âmes, l'une après l'autre, et qui ont fini par gagner l'univers. Peut-être si l'on eût, depuis trente ans, couvert la France de cercles fortement constitués et exclusivement chrétiens, sans aucun mélange d'intérêts matériels, serions-nous en mesure de tenir tête aux francs-maçons et de les combattre à armes égales.

Loin que les cercles soient inutiles, je leur vois deux avantages de première importance : l'un pour leurs membres eux-mêmes, l'autre pour le curé, et par conséquent pour toute la paroisse, c'est-à-dire pour la masse.

Utilité du cercle.

Premièrement pour les membres du cercle eux-mêmes. Ceux qui dans une paroisse sont bons chrétiens restent isolés et comme réduits à rien, tant qu'ils ne sont pas réunis. Timides, ils n'osent pas se montrer. A peine sait-on qu'ils sont chrétiens, et il y a beaucoup à craindre qu'ils ne le soient pas long-temps : ils cesseront de l'être sans qu'il y ait personne pour s'en étonner, et ils s'étonneront eux-mêmes de l'être si longtemps. Du moins ils tâchent de l'être le moins possible ; ils conforment leurs discours à l'opinion dominante, ils se cachent pour aller à l'église et rougissent d'y être vus par leurs camarades. — Quant aux enfants, c'est une chose entendue, à laquelle tout le monde est résigné d'avance, même les parents, même le malheureux curé : ils feront *comme les autres*, et cesseront de paraître à l'église dès qu'ils se verront le bout du nez, — et cela, notez-le, *quelle que soit l'école où ils auront été élevés*.

Un cercle se fonde : il est fréquenté, on remarque que ceux qui y vont ne sont pas plus bêtes que les autres, et qu'ils sont sensiblement plus honnêtes ; ils paraissent contents et nullement embarrassés de leurs personnes. Aussitôt le cœur revient à tout le monde. La religion n'est plus faite uniquement pour les femmes. Les jeunes garçons conçoivent qu'il soit possible d'entrer encore à l'église après avoir fait sa première communion. Les bons, jusque-là si timides, se sentent les coudes, jurent que rien au monde ne saurait les ébranler et leur faire abandonner le bon Dieu ; ils croient avoir toujours eu cette vaillance : heureuse illusion ! Ainsi, dans l'armée française, tel qui, laissé à lui-même, aurait fui le moindre danger, une fois encadré dans un régiment, devient un foudre de guerre.

Vous trouverez même des apôtres, c'est-à-dire des chrétiens entreprenants qui iront attaquer l'ennemi, qui vous amèneront des prisonniers, qui vous raconteront leurs triomphes oratoires sur les francs-maçons et les socialistes : triomphes exagérés sans doute, prisonniers qui ne resteront peut-être pas longtemps dans vos fers. Mais que ce zèle est agréable à des oreilles chrétiennes ! qu'il est édifiant ! qu'il est même utile et fécond !

Secondement, pour le curé, rien que d'*avoir des hommes à l'église*, c'est un avantage inappréciable. « On m'avait dit beaucoup de mal des cercles, me disait un excellent curé, mort aujourd'hui ; mais le fait est qu'avant qu'il y eut un cercle dans ma paroisse, je n'avais jamais vu un homme dans mon église. Maintenant c'est tout changé, ils étaient plus de cent le jour de Pâques ! » Cent pour une paroisse de dix mille âmes ! Et il était rayonnant.

Il avait raison. Le local du cercle est pour le curé un champ de bataille, ou plutôt un lieu de pêche. Ce qui manque à beaucoup de curés, c'est un endroit où ils puissent approcher leurs ouailles et leur parler à leur aise, — j'entends les ouailles masculines, car les femmes, elles, ne trouvent que trop l'occasion de parler, — détruire leurs préjugés, répandre dans leur esprit les lumières de la foi, leur insinuer de bonnes pratiques. Où pourrait-on se voir ? A l'église ? Pas possible : à l'église, on écoute, on ne cause pas.

Au cabaret ? Le prêtre n'y est pas reçu, et il y aurait
grave inconvénient à l'y voir. Au foyer domestique ?
Oui, sans doute, mais combien un apostolat ainsi
divisé est lent et inefficace ! Reste le cercle. Là on
peut glisser un conseil que personne ne remarquera,
entre deux parties de boules. On peut parler à un
partenaire de manille ou de boston avec plus de
liberté qu'à un homme qu'on n'a pas vu depuis le
mariage. On peut donner des rendez-vous, se faire
amener des indifférents qu'on veut convertir. On
annonce les nouvelles qui intéressent l'Église, les
conversions retentissantes, les miracles opérés à
Lourdes ; on lit les encycliques avec un commen-
taire non plus solennel, mais familier et approprié à
tel auditeur. On prépare l'établissement de certaines
bonnes œuvres, Apostolat de la prière, Rosaire
vivant, Propagation de la foi, etc... Tout cela ne
sera pas établi dans le cercle même, qui ne doit pas
se laisser *étouffer* sous une dévotion quelconque,
mais les membres serviront à les lancer, suivant
leurs goûts et leurs facultés, et quelques-uns seront
les premiers à s'y inscrire. Dans le cercle, le curé
trouvera des collaborateurs pour toutes ses saintes
entreprises, des défenseurs contre la mauvaise foi et
la malignité, des éclaireurs qui l'empêcheront de
commettre de fâcheuses maladresses, des amis
dévoués, et, pour répéter le mot que nous avons
déjà dit plusieurs fois, des apôtres. Et qui sait si,
dans les temps où nous sommes, où la loi, si dure
et si tyrannique pour les religieux, est si indulgente
pour les laïques, il ne sera pas très utile d'avoir des
auxiliaires qui soient laïcs ? Qui sait si au jour,
prochain peut-être, où l'État, décidément en guerre
avec l'Église, fermera sa caisse et *désaffectera* ses
églises, vous ne serez pas fort heureux d'avoir des
amis qui recevront Notre-Seigneur *in sua taberna-
cula?* Ce jour-là, votre sacristain n'étant plus payé

disparaîtra sans dire adieu; toute la troupe de ceux qui vous accompagnaient, souples et prévenants, pour quelque motif intéressé, ne vous rendra même plus votre salut; vos dévotes, dévouées, mais impuissantes et dépendantes d'autrui, ne pourront pas grand'chose pour vous; votre meilleure ressource sera dans les hommes du cercle, que vous trouvez parfois aujourd'hui trop indépendants et trop peu empressés, et qui vous feront alors un rempart inexpugnable, au nom de leurs droits incontestés de pères de famille et de libres citoyens.

L. DE LA P,
Dir. dioc. de M...

MODÈLE DE RÈGLEMENT [1]

I

Le Cercle de. . . . .
est affilié à l'Œuvre des Cercles Catholiques
d'Ouvriers, dont il suit les règlements, sous l'autorité de Monseigneur l'Évêque et sous le patronage
du Comité de l'Œuvre à Marseille.

II

Le délégué du Comité entretient des relations avec
le Directeur et les membres du Cercle. Il peut assister aux Assemblées générales et aux réunions du
Conseil intérieur.

III

Les membres du Cercle font profession d'une
soumission filiale à Monseigneur l'Évêque, à Monsieur le Curé de la paroisse et au Directeur qui les
représente ; ils doivent une déférence empressée au
Président et aux Conseillers.

IV

L'administration du Cercle est entre les mains du
Directeur, du Conseil et du Président.

I. — DU DIRECTEUR

V

Le Directeur, représentant de l'Évêque, a la direction du Cercle et en est responsable.

Il exécute, pour le bien du Cercle, toutes les mesures que le Président et le Conseil ne peuvent accom-
plir. Il peut, pour des motifs graves, exclure, de son
autorité privée, un membre du Cercle : dans ce cas,
il fera connaître sa décision au Conseil.

(1) Règlement des Cercles Catholiques de Marseille.

VI

Il dresse, conjointement avec le Conseil, la liste des dignitaires à élire, choisis parmi les Conseillers.

Il propose les membres qui peuvent être nommés Conseillers, d'abord au Conseil, ensuite à l'Assemblée générale.

VII

Il contrôle l'administration financière, examine les livres et se fait rendre compte de l'état de la caisse ; mais il ne peut garder les fonds ni en régler l'emploi.

VIII

Les pièces de théâtre, les chants qui doivent être exécutés dans les soirées musicales, les livres et les journaux sont préalablement soumis à l'approbation du prêtre Directeur.

II. — DU CONSEIL ET DU BUREAU

IX

Le Conseil se compose de Conseillers, en nombre illimité, choisis parmi les membres les plus dévoués et les plus respectés du Cercle.

Les Conseillers doivent donner l'exemple de la pratique complète et publique des devoirs de chrétien.

X

Ils sont élus en Assemblée générale, sur la présentation du Directeur et après avis du Conseil lui-même. Leur réception a eu lieu avec solennité à la chapelle ou à l'église ; à cette occasion, les Conseillers anciens renouvellent leur acte de consécration.

XI

Les Conseillers sont l'âme du Cercle et tous les membres leur doivent déférence et respect.

Ils sont inamovibles.

XII

Le Conseil se réunit tous les . . . .

de chaque mois, sous la présidence du Directeur, dont l'avis est prépondérant en cas de partage.

Chaque réunion est précédée d'un exercice de piété.

XIII

Le Conseil discute et décide les mesures d'administration, les dépenses, la nomination et l'exclusion des membres, en un mot tout ce qui intéresse la vie du Cercle. Le Président est son mandataire ; il n'a que sa voix de Conseiller.

XIV

Le Bureau se compose d'un Président, de deux Vice-Présidents, d'un Secrétaire, d'un Trésorier, suppléés par un Vice-Secrétaire et un Vice-Trésorier.

XV

Le Président et les Vice-Présidents sont chargés de faire exécuter le présent Règlement et les décisions du Conseil. Ils président l'Assemblée générale et maintiennent partout l'ordre et la paix.

XVI

Ils sont élus chaque année, vers l'époque de Noël, en Assemblée générale, sur une liste choisie par le Directeur, parmi les Conseillers. Cette liste contient un nombre de candidats double de celui des dignitaires à élire.

Leurs fonctions durent un an ; mais ils peuvent être réélus.

III. — DES ASSEMBLÉES GÉNÉRALES

XVII

Une Assemblée générale a lieu chaque mois le . .

. . . .

Elle est précédée et suivie de la prière.

XVIII

Tous les membres du Cercle, reçus régulièrement, non exclus ni démissionnaires, et ayant payé leur quotité, y ont voix délibérative.

4

XIX

Le Président la préside, le Directeur y assiste, à la droite du Président, et prend part aux délibérations.

XX

Les occupations régulières de l'Assemblée sont de :

1° Recevoir les communications du Directeur et du Conseil ;

2° Écouter et ratifier le compte-rendu de la gestion financière du mois ;

3° Nommer les Conseillers et les Dignitaires.

L'admission des simples membres n'est pas soumise au vote. Elle est annoncée à l'Assemblée et censée ratifiée, s'il n'y a pas eu d'opposition motivée.

XXI

Une Assemblée générale plus solennelle est tenue chaque année. Le Président y donne un compte-rendu des travaux du Cercle pendant l'année écoulée. Le Comité de l'Œuvre y est invité. Un personnage de distinction est appelé à présider cette Assemblée.

IV. — DES ADMISSIONS ET OBLIGATIONS DES SOCIÉTAIRES

XXII

Les candidats sont présentés par deux membres du Cercle ou par quelque personne honorable. Ils subissent une épreuve de . . . . . mois, avant d'être reçus.

Le Directeur leur explique les obligations de sociétaire. Le Conseil propose l'admission et l'Assemblée la ratifie.

XXIII

Le Cercle étant une réunion d'hommes faits, les jeunes gens n'y sont que tolérés et les enfants jamais admis.

On ne peut être reçu comme membre du Cercle et y avoir voix délibérative qu'à vingt et un ans.

XXIV

Les cas d'exclusion sont :

L'inconduite notoire ; — une infraction grave au Réglement et à l'obéissance due au Directeur et au Président ; — une résistance publique et grossière à un Conseiller ; — les blasphèmes, les disputes, les rixes, les conversations licencieuses et les propos irréligieux ; — l'absence aux assemblées mensuelles pendant trois mois consécutifs ; — le non-paiement de la quotité pendant le même temps, à moins d'excuse motivée ; — la non-assistance aux offices religieux du Cercle, lorsque cette absence est systématique et habituelle ou sans excuse valable ; — les dégâts volontaires commis dans le local du Cercle.

XXV

Toute discussion politique est interdite dans le Cercle, ainsi que les injures, les paroles malséantes, et toute action ou manière d'être contraire à la politesse et à la bonne éducation.

XXVI

Il est absolument défendu d'y jouer de l'argent.

XXVII

La quotité est fixée à. . . . . Elle est exigible chaque mois, et le retard de trois mois entraîne la perte de tous les droits de membre du Cercle.

XXVIII

Le Cercle est ouvert tous les dimanches à. . . . . heures du matin et à. . . . . heures du soir. Il est ouvert tous les. . . . . de chaque semaine.

Il est fermé tous les soirs, à 11 heures.

XXIX

La salle du Cercle doit contenir un crucifix, une statue de la Sainte Vierge et une de Saint Joseph.

Les membres du Cercle sont invités à porter sur eux la médaille miraculeuse de la Sainte Vierge.

XXX

Une messe mensuelle est dite le . . . . de chaque mois ; tous les membres se font un devoir d'y assister.

Le Cercle assiste en corps aux obsèques des confrères décédés.

Le Cercle fait dire une messe, immédiatement après le décès de tout sociétaire. Dans l'octave des Morts, il fait célébrer une messe de *Requiem* pour tous les sociétaires défunts.

XXXI

Les membres du Cercle s'efforceront de répondre aux invitations de Monsieur le Curé de la paroisse, à l'occasion des grandes fêtes de l'Église, de la procession du 3ᵉ dimanche et de la retraite pascale.

XXXII

Le Cercle prend part, en corps, aux fêtes et réunions générales des Cercles de l'Œuvre et notamment à : . . . .
. . . .
. . . .

XXXIII

Le Cercle choisit pour sa fête patronale . . . . .
L'assistance à la messe, en corps, est obligatoire.

XXXIV

Le Cercle étant institué en vue du bien moral et matériel de tous les membres, chacun s'efforcera de correspondre au zèle du Directeur et de le seconder dans toutes ses œuvres et entreprises de piété, d'assistance et de charité.

Vu et approuvé :

† PAULIN, Évêque de Marseille.

ACTE DE CONSÉCRATION AU SACRÉ-CŒUR

des Membres composant les Conseils intérieurs
des Cercles Catholiques d'Ouvriers

Au nom du Père, et du Fils et du Saint-Esprit. Ainsi soit-il !

Appelés à remplir, comme Conseillers du Cercle, des fonctions qui nous imposent des devoirs et des sacrifices, c'est à votre divin Cœur, ô Jésus Ouvrier ! que nous venons demander les forces dont nous avons besoin ; et pour que notre prière soit pleinement exaucée, nous nous consacrons tout entiers et pour toujours à ce Cœur adorable, ainsi qu'au saint Cœur de Marie, notre Mère et à saint Joseph, notre Patron.

Nous promettons aujourd'hui de demeurer fidèles à l'Œuvre des Cercles Catholiques d'Ouvriers, particulièrement au Cercle dont nous avons l'honneur d'être membres ; et nous vous supplions, ô bon Maître, de ratifier cette promesse et de la bénir.

Au nom du Père, et du Fils et du Saint-Esprit. Ainsi soit-il !

INDEX

Marseille. — Imprimerie Marseillaise, rue Sainte, 39.

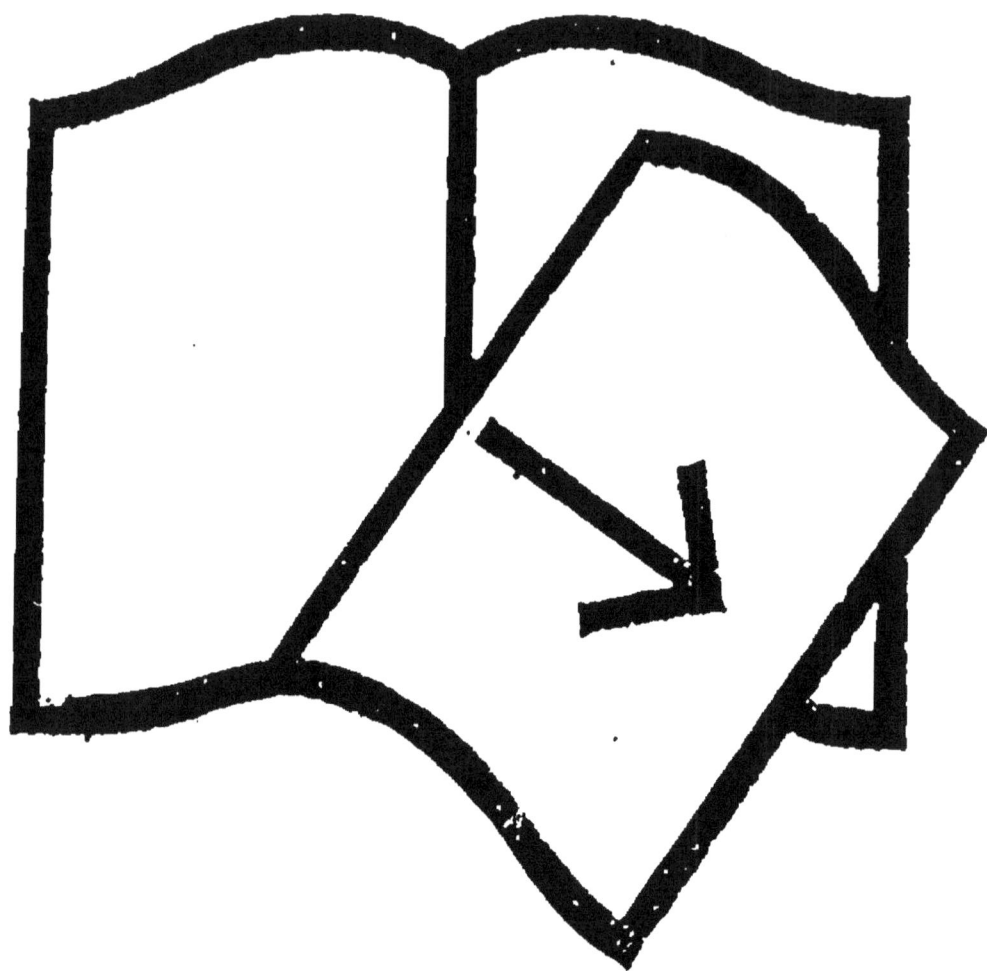

Documents manquents (pages, cahiers...)
NF Z 43-120-13

www.ingramcontent.com/pod-product-compliance
Lightning Source LLC
Chambersburg PA
CBHW070949280326
41934CB00009B/2051